나그네 정거장

여섯 번째
최 경 식 시집

청옥

시인의 말

떠남은 새로운 곳을 찾는 시작이다.

여행을 하면서 시제를 찾아 한 편씩 쓰는 것을 모아서 퇴고를 하면서 어떻게 쓰는 것이 더 감동을 줄 수 있을까?

시를 읽는 독자의 마음이 어떨까? 생각을 해 본다. 제목에 고심을 하다 우연히 버스 정거장에서 기다리는 마음이 되어 새로운 곳을 가는 중이라 제목을 정하게 되었다.

삶이란 세월에 밀려가면서 즐거움도 만들며 흔적을 남기고 떠날 수 있는 것이 최고가 아닐까 생각한다.

오랜 세월이 지나도 좋은 시는 지금도 늘 새롭게 읽게 되고 좋은 시를 써야지 생각하며 고심을 한다.

문학을 하면서 문학 단체를 만들어 두면, 문학을 통하여 긍정의 마음이 생겨 조금이라도 여유를 주지 않을까 생각이 들어 잡지도 만들고 시집을 내어 놓는다.

인생행로에 만남은 인연의 소중함이다.

새 인연이 되기를 기다리며 이 시집을 내어 놓는다.

2017년 12월 06일

사무실에서 저자 최경식 올림

차 례

제1부 그리움

제2부 나그네 정거장

제3부 사색

제4부 연서리꽃

제5부 인연

제1부

그리움

흔적

바람이 걸어와서
연분홍 살 껍질을

터뜨린 흔적 두고
아픔을 참고 보니

떠나며
상처 낸 마음
남겨 놓은 빛깔은.

가을이 오니

무더위가 지나고 찬바람 부니
그대들과 스친 일들이
주마등같은 마음들이 걸어온다

강한 가을 햇살은 곱게 물들여
한 장씩 고운 나뭇잎
그대가 주는 아름다운 빛깔이다

무언으로 함께 동행해준 그대
백일홍의 알록달록 향기가 숨은
화려함이 있는 그대를
추억에 담는다.

가치 있는 하루

어둠이 깊어지니
하루가 마무리 된다

이곳저곳
흩어진 사랑도 담고
건강한 마음이 생기며
풍성한 대추를 시식하니
달콤한 사랑이 숨어든다

행복을 주는
그대들과 동행은
삶에 덤으로 웅성거림 속에는
정이 있는 사람끼리 모이게 된다

새 풍광을 접하고
떠나오니
미련이 남는다
그대
사랑 하나
내
사랑 하나

간절곶 하루

오늘은 새 바닷가를 걷는다

모처럼 느끼는 해안 길
가로수는 앙상하지만
새봄을 기다리는 마음일 것이다

만남은 기다림의 미소로
기쁨을 주어 행복을 만들어
바닷가를 거닐며
큰 우체통의 깊은 마음의 기다림을 보며
여기저기 돌아보는 즐거움이다

등대의 불빛이 멀리 가는 것처럼
한마디는 언어가 희망이 되어
파도 위에 내 마음을 얹어
그대에게 전하련다

고추 하우스

하얀 비닐하우스 속 세상
매운 냄새가 코를 찌르고

큼직하게 좋은 물건은
쑥쑥 내밀고 기죽은
작은 것은 매운맛을 풍기고

옆에서 질세라 맵고 큼직한 것을
자랑하니
손놀림 바빠진 할머니
큼직한 놈이 많이 달렸네

흐흐, 이마엔 땀방울
콧구멍에 매운맛
눈물은 흘려도 표정은 밝다.

곶감 한 조각

한 조각 건네는 따스함
기쁨이 솟는 시간
달콤하고 쫀득한 맛
내 가슴에 상냥함이 저장된다

삶의 여백에 만남은
샛바람 타고 오는
임의 향기는 가슴에 스민다

그대가 있어도 그리움이
생기는 시간은 보고픔일 것이다

귀양폭포

쏟아지는 우렁찬 폭포
주위엔 환호성이 부딪치고

건너편까지 물줄기 때문에
우산을 쓰고
폭포수 뒤로 가야하는 진풍경

물보라에 옷이 젖어도
기쁨은 부풀고 있다

거대한 세계 4대 폭포
대륙의 웅장함을 느낀다

빛나는 광경을 추억에 담는다

폭포수의 아낌없이 내리는 물처럼
삶도 힘차게 되었으면.

그 날

외로운 한 곳을 메우는 날
기다려진다

좋은 인연이 되어
내 마음과 소통되는
임이 된다면
바람 한 줌 잡고
물 위를 사뿐히 지나가면서
그대 음성을 엮어 보고 싶다

정을 나누는 것은
만남의 향기를 만드는 것이며
생애 보람되는 즐거움이
느껴지는 날이 되면
밀려오는 포말처럼
사랑 가득 보내고 싶다.

그대 만남

그대 만남을
새로운 꿈을 꾸는
기억에 넣고 싶다

잔잔히 흐르는
계곡 물처럼
긴 여운이 남아
처음 만남도
이렇게 내 안에 남는 것은 인연인가 봐

그대의 미소가 좋아져
가슴 한 켠을 두드리고
그대의 맑은 눈망울을
그려놓으며

영원히 가슴에
남겨 두고 싶다
또 보고파
언제 만나질까.

그대

아픈 마음의 껍질도
홀가분하게 벗어
바람 따라가게 하고

조건 없이
내 마음 풀어놓고 싶은
그대와 함께
별빛 부서져 내리는
길 따라

그림자 같은
그대와
동행한다면…

그대와 파도

말없이 밀려오는 포말 속에
사랑은 숨어있다

파도는 끊임 없이 오는 사랑이며
은은하게 출렁이는 포말에
그대 음성을 엮어
지금은 포근함이 온다

변화를 위해
동행하는 뚝길에는
한 줌의 바람에도 사랑이 있다.

그대의 별

보일 듯 말 듯
알 수 없는 건
뒤에 숨은 향기일 것이다
새로운 그림을 그리며
황홀하게 느껴지는 것은
곱게 접힌
그대 마음일 것이다

저 별을 보는 순간부터
내 인연으로
모든 것을 좋은 채널로
맞추고 나니
더욱 예뻐 보인다

고운 빛깔이
이제는 인연 되어서
그대가 있는 쪽으로
바라보니

저 하늘엔
나의 별
하나

그대 별
둘

그리움

주르륵 떨어지는 빗줄기는
환희의 시간 속으로 빨려간다

용암 속으로
쏟아지는 비의 운율
시곗바늘처럼 돌려보는 세월
아련한 추억 속에 잠긴다

달구비 지나간 뒤
나뭇잎을
바라보는 마음은
그리움을 만든다.

그린비치펜션

그리움 만드는 것은
아늑하게 꾸며져 있어
포근한 마음에 젖는다

여기에 하루는
그린 산소가 풍기는 멋진 풍광
인심도 마음을 움직이고 있어
다시 또 오겠다고 다짐을 해 본다

그때가 그리워져
정선이 생각나면
추억을 찾으련다.

그림을 그려라

좋은 그림 하나를 그려서
즐거움으로 기억하도록
소중하게 보관하고픈
그림을 그려라

마음에 그리움을 만들어
삶의 에너지로 그려서
즐거움으로 보관하고
생에 보람으로
나만의 맘이 담긴 그림을 그려라

세월이 가면
모든 것이 사라져도
그림은 남아서 길손에게
잠시 행복을 줄 것이다.

그림자 마음

인생길 쉼 없는
즐거움 없듯이
사는 것이 파도처럼
아픔은 노을처럼 순간에 생겨

건들바람에 날려 보내도
서글픔에 남는 얼룩진 상처
뉘우쳐도 소용없는 마음

잊으려 해도 따라 다니는 것은
그림자 마음인가
세월이 흐르면 잊겠지,

그림자 약속

청명한 날 간절곶 향기 취한다

나비의 그림자는 꽃가루처럼
스치는 바람 따라 걸어 다니며
여기저기 기웃거리며
풍경에 젖어간다

대화하는 것은 행복 공간이라고
바쁜 삶에 쉼을 만드는 것도
새로운 여백이 된다

말 없는 약속이
우선 계약이 되는 것은
사랑이 있어야 되는 것이다.

그림자

보이지 않아도 든든한
나의 임
언제나 외롭지 않게 붙어 다니는 임
행복도 주고
지루함도 없애주는 임
세상이 변해도
변치 않는 가장 순수한
임을 보면서
새로운 기쁨을
만들어 가고 있다.

극적임 만남(영화)

극적으로 방황의 만남
한 번 두 번 만남이 정이 되어
포인트 10번만 만나는 약속으로
거침없는 사랑의 흔적

마지막 날 이별의 약속은
거부할 수 없는 정이 되어
이별하지 못하는 시선이
사랑의 새 출발이 된다

제2부

나그네 정거장

금정산 오르며

이슬을 피해가며
산길을 올라가니

고단봉 쳐다보니
땀방울 맺혀 진다

낯선 길
찾아 보는 건
오솔길의 즐거움.

금정산

소나무 사이로
걸어오는 실바람에 묻힌
향기에 젖어
가는 길 잊고 앉아버렸다

새롭게 웃는 봉오리는
새 계절에 싱그러움 주려고
파릇파릇 새싹에 숨은 마음

무한의 사랑으로
기다림을 주는
금정산은
새봄의 미소다.

금정산에서

어둠이 눌린 새벽
서서히 퇴색되어
용명溶明하니
움트는 햇살
희망으로 변화시킨다

온 누리를 물들이며
산모퉁이로 올라오는 햇귀
일순간에 물들이니
운무는 사라진다

신선한 공기를 마시며
숲길로 가는 아침은
기쁨이 생긴다.

기장 묘관음사

바람이 귀밑대기를 스칠 때
노란 은행이 있는 묘관음사에 갔다

노란 은행이 깔려 있어 앉아 사진도 찍고
그대 예쁜 은행잎을 주워
바바리 코트에 몇 장 넣고
걸어가는 모습이 생각이 난다

사찰의 마당에 탑돌이를 하면
마음이 편해져 가끔 찾는다

생수 한 잔을 마시며 미소를 짓고
늦가을에 가면 노란 은행잎이 많은 사찰
추억이 있는 곳이다.

꽃과 만남

모처럼 만난 꽃
반가워 바라만 보다
꽃잎과 눈인사를 한다

세월이 흘러 다시 보게 되어
말을 전한다
같이 있어야 인연이 된다며
시간은 소리 하고
햇살에 환하게 빛나는
꽃이 성큼 다가온다

진정 꽃도 마음을 알까
세상은 같은 주파수 있어야
기쁨이니 추억의 해변 길
사색하면 그대가 그리워진다.

나그네 정거장

인생은 바람 따라 가는 것이다

새로운 곳을 가려는 기다림이며
인생길에는 삶의 정거장이 없다면
갈 수 없는 것이다

기다림은 잠시 뒤를 볼 수 있어
내 몸이 건강하여 이곳에 있지만
정거장에 올 수도 없는 임은
서글플 것이다

정거장은
이동과 여유를 함께 주며
달빛에 사색을 주고
찬바람도 막아주고
햇볕을 막아 주는 정거장
사랑을 만드는 곳으로

새로운 사고가 필요하며
새로운 곳을 찾으려고
정거장은
몸과 마음이 서성거리는 곳이다.

낙엽

얼룩지게 하나씩 걸치는 잎새는
가슴에 추억을 담는다.

푸른 잎들이 사랑을 간직한 채
변신의 날을 기다리고
마지막 장식으로
변해보려는 그대는 그리움을 만들고

새 옷을 입은 임은 여유를 가지고
비행하려고
오색의 미모를 자랑하며

바람을 불러 미소 짓고
시간을 기다리고 있다.

남경의 빗방울

툭툭 떨어지는
빗방울 소리는 사색을 부르며
지나치며 바라보며 풍경은
새로움이 온다

여기저기 보이는 산들은
새로운 마음을 주고
무표정 속에 지나는 길은
정이 스민다

삶은 날씨처럼 변하면서
가는 길에서
나의 빗방울
임의 빗방울
함께 떨어지는 지금은
미소가 온다.

내 인연은

별빛이 쏟아지는 밤
유난히 빛나는 별같이

사랑을 나르는 새싹처럼
해가 뜰 때 웃고
질 때 고개 숙이는 꽃처럼

잠간 피고 지는 꽃보다
오랫동안 피어있는 향기의 꽃으로
황금빛에 반사되는 억새꽃처럼
늙어갈수록 아름답게 변하면서

손을 잡고 한세상
그저 계곡 물처럼 흘러가며
여기 저기 찾아가 흔적을 남기며
사랑하며 사는
그대가 내 인연 되었으면.

녹지원

햇살이 잔디밭에 앉아서 반짝이고
녹지원 가운데서 세월을 잡는 반송
진귀한
나무 풍광에
사로잡힌 시간들

소나무 사잇길로 올라간 언덕 위에
버티는 멋진 풍광 오랜 날 지킴이로
빠알간
주목나무는
많은 세월 살았네

달빛에 비친 좌광천

소나무 사이로
비치는 달빛의 손짓 따라
건강30리길을 걸어본다

옆에 붙어있는 나의 그림자는
나의 분신이며
함께하는 동행자로
사색하는 시간은
나만의 기쁨이다

울적해지는 밤에는
코스모스가 손짓하는
좌광천을 걸어가면서 꽃향기에 도취하고
아름다운 조명 빛에 젖어보는 즐거움
불어오는 바람 소리에도
그리움이 생긴다.

대만의 빗방울

간간이 떨어지는 빗줄기
그대는 나의 친구
웃음을 주는 마음은 덤
기쁨을 만드는 우거진 숲길엔

향기가 앞장서는 오솔길
추억을 만드는 동행자와
함께 걷는 길이다

울긋불긋한 우산의 풍경
나무가 나무를 감싸고 있는
진풍경과 천년의 향기

거북이와 학의 조각품
행운을 비는 마음이
걸어가고 있다

동굴 인연

모처럼 나선 여행길
말 없는 눈빛으로 걷는 시간
계곡을 돌아보며
천년 동굴의 종유석 신비를
바라보는 동안
임의 눈빛은 빛나고 있다

한 걸음 한 걸음
조심히 걷는 만큼
가까이 다가가고 있다

새로운 마음을 얻는 시간
종유석 아름다움을 저장하는
이 시간은
새 풍경 속으로
새 마음에 젖어 간다.

들꽃 향기처럼

은은히 끊임없이
마음의 깊이 있는

말보다 향기 있는
더 깊은 그대 마음

그대의
추억 보상은
새 기쁨이 되고 있다

떠난 사랑

파아란 하늘빛에
함부로 쏜 화살이

따가운
햇살 지고
풀잎에 숨어있는

사랑의
그림자 보며
돌아앉은 초롱꽃

마음의 빗장

마음은 만질 수 없고 보이지 않지만
베품이 일어날 때 움직일 수 있기에
진정 그 마음의 지표를
찾아보는 것이다

낮추는 마음을 만들어
포인트를 찾아
문을 여는 것이다

그대의 마음을 얻는 것은
삶의 행복의 빗장을 여는 것이다.

만남 1

인연으로 만난 그대
마음이 예쁘고
정이 흘러넘칠 것 같은 그대

세상사를 나누며 정을 나누고
오솔길 걸어가며 동행자로
시간의 공간에 사랑을 넣는다

바다가 보이고 예쁜 조명이 있는
음악이 흐르는 카페에서
축배의 잔을 부딪치며
이 밤이 새도록 보내고 싶다

만남 2

슈우욱 하는 바람도
소중하고
작은 들꽃의 만남도
인연 되어야 만난다

삶의 길에서
인연의 만남은
그리 많지 않으며

친하게 자주 만나는
임의 수는
몇 명 되지 않으며

가까이 대화하고
함께 소통하는 것은
오복 중 하나이며

참으로
좋은 인연의 첫 번째다.

만남 3

은빛 출렁이는
파란 바다 바라보며
무언의 대화로
시간을 재는 그대

세월을 넘어 바다로 오는 강물처럼
그대와 인연이 그리움 되어
문뜩 문뜩 생각이 난다

보고파질 때는
사색을 하며
한 마디씩 나눔은
정이 쌓이고
철썩거리는 은빛 파도에
사랑이 탄다

바다와 인연인 배처럼
커피 향기도 인연이 되어야 느끼는 기쁨

인생 행로에 만남은
인연의 시간을 만드는 것이라고
지나가는 바람이
일깨워 준다.

만남 4

미소로
뭉쳐온 날
각 다른 색깔
보여주는 오늘

모처럼
추억 언어
통하는 날은
정겹든 친구다

제3부

사색

매화

앙상한 가지는 바람이 오면
휘이잉 하며 소리를 낸다

봄을 기다리는 마음으로
햇살을 보고 봉오리 하나둘 만들며
기다림의 마음을 준다

길목엔 오늘 한 개
잠시 한눈팔면
많은 봉오리가 하얗게 웃는다

겨울 선물인 매화꽃은
내 친구로 여기 저기 부른다.

만남의 향기

백일홍 향기가 쌓인 곳에서
한마음으로 가는
길 따라 시 산책이 되는
만남은 아름답다

기쁨을 나누는 것은
문학이며
한마음 때문에 만나지는
에너지며
사랑의 성숙이 된다

시를 통해 같은 길은
삶에 의지가 되고
행복이 되는 것이며
인생은 바람 따라 가면서
흔적을 남기는 것이다

오늘 만남의 향기는
추억 속에 담아 놓는

흔적의 기록이며

내 마음에

하나

둘

셋을 남기는 것이다.

목련꽃

길제*에서
비바람에 버틴
어머니의 마음 같이
움츠린 가슴을 펼치니
깊숙이 숨은 고운 숨결이다

일 년을 기다려 만나는 인연
너무 짧은 시간이라
아쉬움에
떠나지 못하는 하얀 마음을
가슴에 저장하는 임이다.

* 길제 : 한쪽으로 치우쳐 있는 한 모퉁이.

무섬 마을 외다리

휘어진 물줄기 안은 풍진 세월
고운 풍광은 숨이 멎을 듯한 느낌
가냘픈 황새 같은 외다리 걸어가니
일출 같은 환한 기쁨이 온다

줄장미처럼 이어지는 외다리
창공을 솟아오르는 비둘기 같은 마음

은빛 물결은 다리를 감싸고
마을을 감싸는
석양은 어깨를 잡는다.

물 동굴

물에서 구명조끼를 입고
쥬브를 타고 동굴 안을 들어가
살펴보는 체험을 한다

동굴 안에 줄이 있어 줄을 당기며
돌아보는 직접체험은
많은 기쁨을 만든다

놀이가 끝나면 현지식의 식사도 별미다
참으로 평화로운
사람들이 모인 곳으로 느낀다
여러 명이 동시에 물놀이 체험은
묘미가 상당하다.

바람 1

바람이 오는 곳도
세월의 출발점도

모르고 가는 세월
숨 쉬고 있을 때는

그대와
정을 나눔이
보람되는 것이다.

바람 2

나를 움직이게 하는 것은 바람이다
풀잎을 흔들며
진귀한 꽃을 만들어
내 마음을 당기고 있다
바다와 파도는 연인처럼
항상 동행하고 끊임없이 불러준다

바람은 꽃비를 만들어
사색하는 시간을 주고 스치고 지나가면
돌아오지 못하는 것도 바람

새롭게 오는 것도 바람
어디서 출발하는지 모르지만
항상 내게 오는 것이다

바람은 사랑에 따라
나무의 모양도 만들어진다
내 마음의 변함도 삶도 변하는 것은
사랑 따라 변해지며

순리로 가는 것은 행복을 기다리며 사는 것이다
마음을 다지며 사는 것이
인생의 방향을 잘 잡는 것이라 본다.

백목련

방긋이 웃는
사랑의 향기 날리며
하늘을 보고 웃는 모습
백옥 같은 하얀 마음에
젖어서 떠나지 못한다

갑자기 쏟아지는
비를 맞으며 툭툭 떨어져
안타까움이 생긴다

떨어진 백합
금방 까맣게 변하는 모습
너무 짧은 수명에 이별이 오니
떠나기 전에
향기라도 담아두련다.

백사장

바닷가 백사장을 걸어갈 때
깊은 사색은
밀려오는 파도를 모른다

신발이 잠겨 놀라서 피하면
이미 잠겨버린 신발 차가움만 오고
쓴 미소를 짓고 나면
찬바람이 양 볼을 붉게 만든다

백사장에 서서 저 멀리 밀려오는
하얀 포말의 박진감을 보며
파도 소리는 음악처럼
나의 마음을 편하게 해주는 시간이다

그대 파도가 쓸고 간 자리
희망의 글을 새겨 넣으며
미소 짓는 시간
마음에 꿈이 만들어 진다.

비 내리는 아침

오늘은 창밖에
빗줄기를 보며
이 생각 저 생각을 해 본다

빗물이
마음의 찌꺼기까지 씻어 달라고

고비도 한순간이라고
푸른 나무는
비를 맞으면 웃고 있어
더욱 생기가 나며

스스로 격려를 하며
변심을 해야 한다고
지나는 빗소리가 깨우쳐준다.

비문

삶의 꼬리에
아름다운 세상을 열어
아지랑이 피어오르듯
이 세상 사연들을 풀어서

산기슭에 지나가는 나그네에게
미소를 주고
추억도 주고
희망을 주려고

스치며 지나가는 생의 길을
비문을 만들어
길목에 세워서
삶의 꼬리를 만들어 놓는다면
잠시 여백이 되지 않을까

빗소리 1

맑은 날 툭툭 떨어지는 빗방울
꽃잎을 두드리며 흘러내리는 비

밤새 내린 비로
다니기 불편을 주어도
들꽃은 생기가 나고
누가 보지 않아도 향기를 내는
그들의 마음이 아름답다

자신의 길을
남이 보는 것과 상관없이
가는 길로 가는 것이
좋은 향기가 될 것이다.

빗소리 2

소리 없이 내리는
빗물에 젖고 있는
벚나무 바라보며
사색에 젖는다

빗길 사이로 피해오는
그대의 향기는
내 가슴에 숨어든다

무선으로
전하는 마음이 걸어가
무엇을 할까 생각하니

지금은 보고 싶어진다.

빗줄기

비가 종일 내리니
울적함이 생기고
이 생각 저 생각 교차하니

보고픈 마음이 생겨서
빗줄기 보고 궁금함을
물어보며 무엇을 할까

향기를 무선으로 보낸다
이 밤 사색의 시간은
그대 그리움
한 번
또 한 번 만든다.

사색

바람이 오는 곳을 아느냐
그대 마음이 오는 곳을 아느냐

캄캄한 밤하늘에 별똥 떨어지는
길 따라 가는 것이 인생이니

차가운 바람이
귓불을 스칠 때
잠시 머뭇거리는
짧은 인생을
그저 마음 통하는 임과
고운 대화를 하며

고개를 넘어 간다면
내일의 꿈도
생기지 않을까

붉게 물든 노을을
바라보며
동행자와 손잡고 가는 길은
사랑이 깊어 가기 때문이다.

사월의 만남

목련꽃 향기로
걸어온 만남은
새봄에 인연이다

순수함이 숨 쉬는
들꽃의 빛깔에
눈이 젖었다
단숨에 그리움 터널로
숨은 참꽃

새 향기가 가득한 공간
마주보며 찻잔을
젖은 입술로 데우는 시간

바람 따라 들어온
들꽃 한 송이
웃으려 하네

삶이란

목표를 두고 달리고 있을 때
주위를 살필 시간이 부족하고
마음에 여유가 없어 지나치는 것이 많습니다
좀 천천히 간다면 볼 수 있는 것도 그냥 지나칩니다
목표에 도달하면 무언가 아쉬움이 남아서
지나온 길을 돌아보면
참으로 귀중한 것을 잃어버립니다
미련 남아서 지나온 길을 돌아가 보면 그 자리엔
귀중한 것은 없고 올라갈 때 보지 못한 아름다운 꽃은
시들어 있습니다
바쁜 마음에 볼 수 없을 때, 잠시 여백을 만들어
소중한 인연을 놓치지 않아야 합니다
인생은 잠시 머뭇거리다 떠나는 것입니다
꽃보다 아름다운 것이 사람입니다
소중한 인연을 만나 마음을 펼치고
함께 웃으며 살아가는 삶을 만들어
아쉬움 없는 오늘
이 시간을 추억에 담아봅시다.

새 인연

그대와 인연을
새 마음으로
걸어가고 싶다

무념의 시간은 접고
이제부터는
새로운 삶을 위해 사랑을 하며
비 오는 날
우산 속의 작은 둥지에서
속삭이는 달콤함을 만들며

남은 생을 정으로
아침엔 안부 물어보며
기쁨을 찾아 손잡고
사랑하는 여행길을 만들어 가며
그대와 손잡고 가려다.

제4부

연서리꽃

새벽 안개

이른 새벽
길을 나서는 그대는
푸른 잎에 앉아
하얀 웃음을 짓고
머뭇거리다

덮어주는 사랑도
햇살이 찾아오면
훌훌 떠나는 임은
훗날을 기약하는 미련을 두고

먼 발치에서
사색하는 마음을 남기며
사라지는 모습

석양

바다 풍경이
아름다운 카페에서
훈훈한 분위기를 먹으며
창가에 걸려있는
붉은 석양을 보았다

너무 황홀하여
가까이 잡아보려 언덕에 올라가니
순간에 숨어 버린 석양
하늘만 붉게 물들이고 떠났다

멍하니 허공에 잔상을 바라보다
삶에도 시간의 필요성이 있다고
지나는 바람이 일깨워 준다.

성지곡

편백나무가 우거진 숲길엔
약수가 흐르고 시가 있고
솔솔 바람이 불어오니
이파리는 춤추고 있다

한참 바위에 앉아 덕담 나누며
쉼을 가지며
과일을 나누어 먹고

다시 또 가파른 산길을 올라가니
숨소리가 커지며 운동 부족을 느낀다
산행의 묘미는
청정 공기 마시는 묘미라고 본다.

세월에 느낌

살다보면 옷깃을
스치는 바람이 가고
휑하게 부는 바람도 가면
스스로 알게 된다

아쉬움도 미련했다는 것을 느끼며
바람처럼 지나간 것은
돌아오지 않는 것이다

햇살이 강할 땐
노을을 모르고
석양이 붉게 물들 땐
감정도 생기는 것이다

이제라도 잘 가꾸어
멋진 꽃을 키우며
후회 없는 향기를
만드는 것이다.

솔마루공원

세월이 만든 예술이
버티는 모전리 소나무

작은 숲길의 향기는
여유의 공간을 만드는 쉼터
한 장씩 접는 세월에
자주 볼수록 새 정이 생겨서
찾게 되는 여기

단풍잎 하나씩 모으면서
새 계절의 맛을 느끼며
향기를 모아서 추억에 담는다.

솔잎 바람

솔잎 사이로 많은 바람이
지나가야 마음이 보일까
많은 만남으로 스치고 가야
아픔의 강도가 보일까

예쁜 모습의 속내를 모르니
세월의 바람이 불어야
속마음이 보일까

인생의 모습은
솔잎을 흔드는 바람은
보고 있는지

스치는 바람은
세월의 향기를 안고
다가오는 것이다

스치는 바람

삶에는 때가 맞아야
결실이 된다
기다림이 있어야
열매를 얻는 것처럼
가을을 기다리는
뚝 길에 코스모스는
가냘픈 모습으로
살랑거리면서
미소 주는 꽃이다

무언가 아쉬움이 될 때
고뇌하게 하는 것이며
순간에 돌풍으로 놀랜 가슴은
세월의 바람은
일깨움을 주는 것이다.

슬픔이 위안되어

내안에 있는 너는
조금한 소리에도
화들짝 놀래어서
이제는 새로 가려고

이 가을
벗어나려고
마음 비워 보련다

이 겨울 새 정으로
기쁨의 술잔을 들고
나에게 오는 메아리는
변화로 주는 바람

새 정은
따스함 주는
희망되는 그대다.

양귀비

강변을 걷다가
빨갛게 유혹하는
향기에 끌려
자리를 떠나지 못하고 있다

그대의 사랑이 있는
깊은 마음의 꽃은
멀리서도 알아보며 웃는
의미로 부드러움에 젖었다
빛깔에 젖어
시간 가는 줄 모르고
어둠이 와서 사랑의
느낌을 받았다

억새 꽃 1

들녘에 은빛 물결
사방을 흔들면서
부르는
손짓에는
사랑은 불꽃처럼

그대의
모습에 취해
향기 찾는 씨밀레로

억새 꽃 2

인생은 억새 꽃처럼
무리지어 어울리며 사는 삶
억새 꽃은 모여 있어야 맛깔스럽다

바람은 가지런한 모습을 흔드는 아우성
역광을 받으면 속살까지
붉게 보여주며 자랑한다

오래 살면 백발이 되는 것처럼
은빛으로 흩날리며
그리움의 띠를 만들어
가슴이 두근두근 감회를 주어
늘 찾아오게 하고 있다.

연서리꽃

새벽에 산행을 하니 뽀얀 미소가 온다
하늘거리는 잎의 끝자락에
살포시 적시며 소리 없이 앉았네

찬바람을 감싸주는 마음
잠시 머물다가 가는
솜털 같은 사랑

햇귀가 부르면 훌훌 떠나며
아쉬움을 남긴다
그리움이 생기면
내일 또 찾아와 만나련다.

* 연서리꽃 : 새벽에 나뭇잎에 하얀 서리를 표현하는 말.

오월

오월의 마음은
더 짙고 넓어진다

세월의 길목에
풍성한 숲이 되려고
모든 것을 감수하며
유월을 기다린다

살아온 나무처럼
나 이제 시작하여도
짙은 숲이 되어
흔적을 남기련다.

옥녀봉에서

얼룩하게
하나씩 걸치는 잎사귀는
가슴에 추억을 만든다

솔향기가 맴도는 잎들은
사랑을 간직한 채
변신의 날을 기다리며
마지막 장식으로
변해 보려는
그대는 그리움을 준다

변색의 임은
오색의 미모를 자랑하려고
바람결에 휘날리며
미소 짓고 있네

왕인사당에서

풍광이 어울리는 햇살
한낮의 기운을 만들어 주고
왕인 박사 사당을 돌아보며
업적과 집념의 마음을 보았다

녹빛이 반짝이는 넓은 잔디밭에
군데군데 모인 클로버 옆에 앉아
네잎 클로버 찾기에 숨을 죽이고
찾는 아름다움에 젖는다

하나를 찾아 소리 지르는 기쁨은
옆 사람까지도 행운을 주어
순간의 감동을 만들어 준다

삶 속에
짧은 감동이 연속으로
이어 진다면 행복하겠지.

운문사

힘들게 올라가는 언덕
긴 숨을 내쉬고 보니
불을 밝혀주는
예쁜 모습으로 오는 것을 알고 있는지
반기는 초롱꽃

어찌나 고운지 돌아보니
향기를 붙잡고 있네
가쁜 숨을 쉬게 하는 작은 쉼터엔

그대가 기쁨을 주니 미소를 얻고
길을 또 나선다
언덕을 보면서

원두막 사람들

그늘을 없애는 원두막은
해가 저물어 오면
마음의 빛 따라 모여들어
빗장을 열고 머리를 조아린다

하루에도 몇 번
대오각성하듯
폰을 쳐다보고 내리고
시어를 찾아 넣고
추억도 떠올린다

일출에 빛낼
주옥 같은 작품
시가 살아 있듯
원두막 따스함이
뭉글뭉글 피어오른다.

이기대 갈맷길

해안을 바라보며 가는 갈맷길
자연의 풍경은 감동을 주고
갈매기 역류하는 모습을 보며
가파른 산길이 힘겨워 땀을 흘리고
가쁜 숨을 쉬면서
농바위의 신비에 젖어 할머니가 떡을 이고
가는 모습 담아 감탄을 하고
주말엔 많은 인파로
산허리에 오색의 물결이 출렁인다
노오란 국화꽃에 젖어
사진 한 컷이 하산의 기쁨이 된다.

제5부

인연

이사

새로운 장소로 이사 날짜가 잡혔다
부산에서 외곽이지만 신도시로
형성된 곳이며
시대에 맞게 편리하게 되어 있다

정든 이웃을 두고 떠나려니
그리운 얼굴
정이 든 임들 생각날 것 같다
아쉬운 작별을 해야겠지

인연 되어
산천이 변하는 오랜 세월을 살다
새 바람이 멈추는 곳에서 인연을 만나야겠지
언제 또 인연을 만나 추억을 이야기하며
차 한 잔 할 수 있을지
늘 좋은 햇살로
웃는 날 되시라고 기도하며
사색에 젖어본다.

인생 1

바람이 오는 곳을 모르고
세월의 종착역도 모르니
인생은 한 그루 나무처럼
새싹이 낙엽이 되고
앙상한 나무로 한 해를 넘기고
새봄을 기다리는 것이다

삶은 무엇을 남기고 떠나는 것인가
빌려 쓰고 가는 것이니
한마디 멋진 글을 남기며
새 마음을 얻는 여행을 하며
동행을 하는 것이다

인생 2

사는 것은
바람처럼 지나가면
돌아오지 못하는 것처럼

좋은 향기 있는 곳에는
머물며 기뻐하고
꽃이 만발할 때 모여들지만
시들면 잘 오는
나비도 오지 않는다

향기 날 때 관리를 잘하여
좋은 연을 맺는 것이
멋진 삶으로
가는 길이 아닐까

인연 1

꽃바람 따라 걸어가는데
막다른 길에 고심을 한다

언제나 떠나지 않는 것은
인연의 마음으로
엇갈린 길을 가고 있어도
인연의 마음은
그 자리에 있다

바쁜 삶에 만나지 못해도
새 바람은
추억의 향기가 있는 간절곳엔
늘 갯바람 향기가
부르는 마음이
기다리고 있다.

인연 2

가끔 지나치는 그대를 바라보며
고운 미소를 느끼며
가슴에 담아둔 임
인연 되어 짧은 시간의 대화는
가슴이 울렁거렸습니다

순수한 그대 만남은
설렘에 가슴이 떨리는
행복의 시간이었습니다

보이지 않으면 보고 싶어져
지나온 계단을 돌아봅니다

향기가 머무는
아쉬운 작별의 그날 돌아보며
마음으로 행복을 기도하면서
언젠가 만남을 기다리며 접어둡니다.

인연 3

갯바람 부는 길을 돌아보니
까만 바위에
정겹게 앉아 있는 단풍에
걸음을 멈추었다

사랑이 깃든 모습
세월에 날아가도
인연은 떨어질 수 없는 것
옥석 위에 사랑을 주는
그대를 보며 사색을 한다

이제
세월 속에 만난 인연을
사랑하며 곱게
담아두련다

인연의 만남

많은 세월에 묻혀있는 지나간 추억들이
벨 소리에 반가운 목소리로 추억을 되새기며
지난날 함께 땀을 흘린 태권도 속에
들었던 정들이 문뜩문뜩 생각이 난다

모처럼 선후배의 만남은
삶의 여백을 주는 공간으로
정을 나누는 것이다

세월에 주름살이 늘어난 지금도
그때의 추억의 향기는
그대로 간직되어 있다

이제는 한 번씩 나눔으로
삶 속에 새로운 에너지를 만들어
중턱을 넘어가는 길목을
황금빛의 아름다움으로 장식하며

지난날을 이야기하는 공간은
행복의 향기가 되어서
기쁨이 가득하기를.

자갈치

비릿한 냄새 풍기고
정겨운 아지매들 우렁찬
삶의 소리는 종종 걸음을 잡아 놓는다

장미꽃 보고 고개 돌리듯이
추억의 소리에 서서
싱싱한 칼치 사이소
번뜩번뜩한 칼치가
제주도서 아침에 금방 왔다 카이
그냥 가지 말고 이리 와보소
구수한 사투리에 한 보따리 사서 걸어가는데

또, 오늘 장사도 안 되고
퍼뜩 팔고 갈라 합니더
싸게 줄때 퍼뜩 싸이소 소리에 웃음이 난다
억척의 장사 솜씨다.

장가계 동굴

많은 동굴이 있는 곳이지만
긴 동굴 안을 배를 타고 돌아보는 신비함이다

아름다움의 극치라 하는 호암석은 수억 년을
한 방울씩 떨어지는 석회물이 자라
여러 모양의 신비함을 만들었다

감동을 주는 수천 종류의
호암석이 있는 동굴은 감탄이 절로 나온다
형용할 수 없는 광경에 발이 붙었다.

장수

하나의 새로운 깃발을
하루하루 새로운 시상으로
우리 삶에 희망을 준 시인(황금찬)
따스한 세상
화롯불 앞에 이야기 듣는 추억을 주고
우리 곁에서 오랫동안
이토록 깊은 마음을 표현했을까

치열한 세상 흐트러진 마음을
하나로 엮어주는 글
저 언덕엔 언제나 미소 짓는
꽃이 있습니다.
그대의 빛깔은 영원히
우리의 가슴에 그림자로 있습니다.

정관 좌광천

계곡에서 흐르는 천을 따라
걷기 위한 도로는
꽃길로 조성한 30리 길 따라가니
고운 임 부르는 손짓에
동행하는 그림자도 웃는다

양귀비의 부드러운 눈인사에
걸음을 멈추고 사진 한 장 찍고
또 걸어보니 작은 들꽃이 부른다

병산에서 임랑까지 이어지는 하천 길
오늘도 걷고 남은 길은 내일에 걷고
시간은 지나가도
바람의 그림자는 늘 함께 한다.

지장암 계곡

풍경이
아름다운
계곡물에서
웃음 짓는 건
통하는 마음
여름 더위 간다

그대가
활짝 웃는
맑은 표정은
계곡에 물도
따라 웃으며
정감 가는 시간이다

추억

임이야 떠났지만
파도에 새긴 마음

세월이 흘러가도
그곳은 그대로네

사랑한
그대 이름은
동백섬에 새겼다

코스모스

분홍빛 아름다움으로
하늘거리는 몸놀림이
가는 길 막는다

멀리서 부르는 몸짓
정감이 생겨
옆에 앉아 향기를 맡으며

떠나기 싫어 같이 놀자고
해가 저물어야 작별을 한다.

홍시

찬 서리 내려 와도
나무 끝 붙어있어

외롭게 매달려서
까치밥 흥얼흥얼

앙상한
가지 위에서
붉은 광채 빛나네

황산

그림보다 빼어난
비경을 바라본다
안개 낀 풍경에 도취되어
계단에 앉아 감상하고 나서

돌계단을 한 걸음씩 옮기며
골바람의 시원함은
새 기운 되어 올라간다

메아리 소리 들려오는
깊은 계곡을 바라보니 가슴이 떨려
부메랑으로 돌아오는
소리는 진풍경이다

절벽 바위에 붙은 소나무의 생명력을 보며
아늑한 풍광을 담아 놓고
자욱한 운무가 산허리를 감고 있는
최고의 비경은
명산을 지키고 있다.

히로인

아무도 모르게 둘만이 새긴 사랑
분홍꽃잎의 부드러운
속살 같은 그대 마음은
옷깃에 젖는다

안 보면 보고 싶은 그대는
나의 가슴 한쪽에 남아
울컥울컥 생각이 난다

창살에 걸린 초승달 바라보면
주마등처럼 지난 일들이 생각나
깊은 사색에 잠기면서

나의 가슴에서
떠나지 못하는 그대는
히로인이다.

발간에 한마디

돌아오지 못하는 것도 바람, 새롭게 오는 것도 바람 어디서 출발하는지 모르지만 항상 내게 오는 바람에(시, 바람) 아픈 마음의 껍질도 벗어 바람 따라가게 하고 별빛 부서져 내리는 길 따라 그대와 동행한다면 사는 것이 즐겁겠습니다.(시, 그대)

그러나, 목표에만 매달려 달리다가는 볼 수 있는 것도 그냥 지나칩니다. 목표에 도달해도 무언가 아쉬움이 남아서 지나온 길을 돌아 가보면 그 자리엔 올라갈 때 보지 못한 아름다운 꽃은 시들어 있습니다(시, 삶이란)

시인은 삶에 조금만 여유를 두어도 잠시 머뭇거리다 떠나는 인연을 소중히 가꿀 수 있을 것이라 생각한다.

지나친 생존경쟁에서 한 발 여유를 가지는 것은 시를 읽고 쓰는 일이 아닐까?

시인 이석락

주로 자연과 호흡을 나누는 최경식 시인의 시는 과장이나 거추장스런 수식이 배제되어 깔끔하고 담백하며 시의 관절들이 유연하고 부자연스럽지가 않다.

화자는 글의 말미에 마침표 대신 변화의 여지를 남겨두어 독자에게 감성의 억지이입이나 어설픈 설득 대신 나란히 걷기를 선택하고 있기 때문이다.

최경식 시인의 시를 읽어보면 어느 산책길, 어느 풍경 안에서 만날 수 있는 평범한 행복이나 질문을 자유롭게 놓아두고 있어 잠시 화자와 격의 없는 친밀로 섞사귀기에 족하다.

어쩌면 오랫동안 문학협회를 이끌어 온 인품이 자연스레 글 속에 녹아들어 돋보이기보다는 바탕이나 배경이 되는 폭넓은 이해 속에서 따스한 위로를 느끼기에 부족함이 없다.

시인 문영길

회장님의 시 속에는 감미로운 사랑의 서정이 밀려오는 파도 위에 펼쳐지고 아득한 밤하늘의 별 속에 숨어 쉼 없이 깜빡거립니다.

출판사와 문학회를 설립하여 문학발전에 헌신하시는 회장님께서 바쁘신 와중에도 이런 따스한 심성의 시를 끊임없이 토해내고 계시다는 걸 새삼 깨닫고 감탄합니다.

자칫 게을러지기 쉬운 우리 후배들에게 귀감이 아닐 수 없습니다.

시인 유진숙

최경식 제6시집
나그네 정거장

인쇄일: 2017년 12월 15일
발행일: 2017년 12월 21일

지은이: 최경식
펴낸이: 최경식
펴낸곳: 도서출판 청옥문학사
인쇄처: 세종문화사

등록번호 제10-11-05호
E-mail: kyu500@hanmail.net
전화: 051-517-6068

값 10,000원

ISBN 978-89-97805-67-9 03810

* 이번 작품을 창작하는 데에는 한국예술인복지재단이 창작 준비금 지원을 통해서 도움을 주셨습니다.